Fuadaithe

scríofa ag Malorie Blackman

maisithe ag Derek Brazell

leagan Gaeilge le Patricia Mac Eoin

Do Neil agus Elizabeth, le grá

Foilsithe den chéad uair faoin teideal *Hostage* i 1999 in Albain
ag Barrington Stoke Teo,
18 Sráid Walker, Dún Éideann

Téacs © 1999 Oneta Malorie Blackman
Léaráidí © Derek Brazell
An Leagan Gaeilge © 2013 Futa Fata
www.futafata.ie

Gach ceart ar cosaint.

Ba mhaith le Futa Fata buíochas a ghlacadh le COGG, An Chomhairle um
Oideachas Gaeltachta agus Gaelscolaíochta, a thacaigh le foilsiú an leabhair seo.

An Chomhairle um Oideachas
Gaeltachta & Gaelscolaíochta

ISBN: 978-1-906907-86-0

Clár

Caibidil 1
Fuadach

Bhí sé dorcha nuair a d'fhág mé an scoil. Zipeáil mé mo sheaicéad suas go dtí mo smig. Ní raibh a fhios agam cad a dhéanfadh mé. Ní raibh mé ag iarraidh dul abhaile. Bhí mé cinnte faoi sin.

Shochraigh mé ar dhul go dtí Sráid Phádraig le huachtar reoite a cheannach. B'fhéidir go rachainn go dtí an phictiúrlann ina dhiaidh sin. **Ní raibh fonn orm*** dul abhaile agus Daid ann. Ní raibh mé

*   ní raibh mé ag iarraidh

ag iarraidh é a fheiceáil ar chor ar bith – go háirithe
mar go raibh argóint mhór againn ar maidin sula
ndeachaigh mé ar scoil.

Bhí an ghráin agam ar ár dteach anois. Ní raibh an
teach mar a bhí sé nuair a bhí Mam ann. D'airigh mé
go raibh sé folamh anois, ar bhealach éigin. Agus ní
raibh mórán le rá agam le Daid na laethanta seo.

Sháigh* mé mo lámh i mo phóca. Tharraing mé
amach cúpla biorán dúnta, píosa guma agus cúpla rud
eile – ach ní raibh mórán airgid ann. Ní bheinn in ann
dul go dtí an phictiúrlann mar sin. Ach ar a laghad bhí
dóthain ann le huachtar reoite a cheannach.

"Cáit?"

Chas mé nuair a chuala mé m'ainm. Bhí bean ar a
raibh gruaig ghearr dhonn ag glaoch orm. Bhí sí ina suí
i gcarr ar thaobh an bhóthair.

Ní fhaca mé riamh roimhe sin í. Cén chaoi a raibh
m'ainm ar eolas aici?

*   chuir

Stop mé.

"Cáit?" ar sise arís.

"Céard?" a d'fhreagair mé.

Go tobann d'airigh mé lámh the ag clúdach
mo bhéil. Bhí lámh eile timpeall **mo choime***. I
bhfaiteadh **na súl*** bhí mé i ngreim ag duine éigin.
Ní raibh mé in ann éalú.

Chuala mé fear ag caint taobh thiar díom. Ní raibh
mé in ann na focail a dhéanamh amach. Bhí mo chroí
ag bualadh go láidir. Brúdh isteach sa charr mé. Tharla
sé chomh tapa nach raibh deis agam béic a ligean asam.
D'imíomar síos an bóthar sa charr **ar luas lasrach***.

* mo lár/ mo bhásta
** go tobann
*** go tapa

3

Caibidil 2

Critheagla

Tharla sé chomh tapa.

D'fhéach mé timpeall orm. Bhí fear le gruaig fhionn ina shuí ar chlé. Bhí cóta liath á chaitheamh aige. Bhí **fear maol*** ina shuí ar an taobh eile díom. Cóta dubh a bhí á chaitheamh aige. Bhí mé sáinnithe idir an bheirt acu.

Bhí scanradh an domhain orm. D'oscail mé mo bhéal agus lig mé béic **in ard mo ghutha****. Chuir an

---

* ní raibh aon ghruaig air
** os ard

5

fear maol a lámh ar mo bhéal chun mé a stopadh.

"DÚN DO CHLAB!" ar seisean liom.

Bhí boladh peitril ar a lámh. Rinne mé iarracht béic eile a ligean asam, ach bhí mé **plúchta*** leis an mboladh.

"Nílimid ag iarraidh tú a ghortú, an dtuigeann tú?" ar seisean. "Chomh luath agus a dhéanfaidh do Dhaid an rud a iarrfaimid air, scaoilfimid leat. Soiléir?"

Ní dúirt mé focal. Ní raibh mé in ann. Bhí fonn múisce** orm.

"Ná tosaigh ar an mbéicíl arís, nó..." arsa an fear eile. Thóg an fear maol a lámh ó mo bhéal. D'oscail mé é láithreach le béic eile a ligean asam. Chuir sé a lámh ar ais ar mo bhéal ar an bpointe boise.

"Más mar sin is maith leat é" ar seisean, go feargach.

---

*   Ní raibh mé in ann anáil a tharraingt
** Bhí fonn orm caitheamh amach.

Bhí a lámh ag brú anuas orm chomh trom sin ar mo bhéal go raibh sé pianmhar.

Ní raibh mé in ann anáil a tharraingt. Rug mé ar a mhéara le mo dhá lámh ach ní dhearna sé aon difríocht. D'fhéach mé air. Bhí mé ag caoineadh. D'ardaigh sé a lámh beagán. Tharraing mé anáil mhór.

Coinnigh do chloigeann...ní mór smaoineamh ar phlean..ná bíodh faitíos ort...a dúirt mé liom féin.

"Tá sin i bhfad níos fearr, a Cháit," arsa an fear maol go híseal. "Déan mar a deirimid leat agus beimid go léir níos fearr as."

"Is fíor sin," arsa an fear eile. Lig sé gáire **ait*** as. Níor thaitin an gáire sin liom ar chor ar bith.

D'fhéach mé amach an fhuinneog. Bhí mé ag súil go bhfeicfeadh duine éigin ar an tsráid mé. Ach bhí eolas maith ag an tiománaí ar Inis. Thiomáin sí ar na cúlsráideanna ciúine. Ní raibh aon duine ann le mé a fheiceáil.

Cad a dhéanfaidh mé?

Dúirt an fear maol go mbeadh ar Dhaid rud éigin a dhéanamh. Rud éigin a bhí ag teastáil uathu. Arbh é sin an fáth gur rug siad orm? Caithfidh gurbh ea.

* aisteach

8

Nuair a d'fhág Daid an t-arm cheannaigh sé an siopa seodóra is mó in Inis. Bhí sé an-sásta nach dtagann páistí isteach i siopaí seodóirí. Níor thaitin páistí riamh le Daid.

Chuir mé stop le mo smaointe faoi Dhaid.

Ní mór dom rud éigin a dhéanamh!

Bhíomar ag fágáil an bhaile ar Bhóthar an tSéipéil faoin am seo.

"Cuir **púicín*** ar a súile", arsa an mbean leis na fir.

"An bhfuil aon ghá leis sin?" arsa an fear maol.
"Beimid imithe linn sula dtagann aon duine uirthi."

"An ndéanfaidh sé aon difríocht má fheiceann sí cá bhfuilimid ag dul?"

"Déan mar a deirim leat," arsa an bhean go feargach.

"LIG DOM! LIG DOM!" a scread mé.

Ní raibh mé chun ligean dóibh an púicín sin a chur orm go héasca. Throid mé ina gcoinne.

---

* clúdach, ionas nach mbeadh duine in ann rudaí a fheiceáil

Rug an fear maol greim ar mo lámha. Rinne an fear eile iarracht an púicín a chur ar mo shúile. Bhain mé plaic as a lámh, chomh láidir agus a bhí mé in ann. Thosaigh sé ag eascainí. Rug sé greim orm agus chroith sé go feargach mé.

"Ní fheicfidh tú do Dhaid arís go deo má dhéanann tú é sin arís, a chailín. An dtuigeann tú?" ar seisean liom.

Ní dúirt mé focal.

"AN dTUIGEANN TÚ?" a scread sé.

Chlaon mé mo cheann. Bhí faitíos orm.

"Go maith. Ná bog arís," ar seisean.

Ní raibh mé in ann bogadh. Chuimhnigh mé nach raibh mé ag iarraidh dul abhaile tar éis na scoile mar nach raibh fonn orm Daid a fheiceáil. Bhí faitíos orm anois nach bhfeicfinn *arís* **go brách*** é.

*   go deo

Níl sé ag iarraidh mé a fheiceáil anois ó d'imigh Mam.

Caibidil 3

Ag comhaireamh

Na seoda sa siopa a bhí uathu – b'shin a bhí ar siúl acu. Ach an dtabharfadh Daid na seoda dóibh ionas go scaoilfidís liomsa? Tar éis na hargóinte a bhí againn ar maidin, ní raibh mé chomh cinnte faoi sin. Bhíomar ag argóint an t-am ar fad ó d'imigh Mam.

Fan socair* a dúirt mé liom féin. Níl tú marbh fós.

* Tóg go bog é

Bhí sé an-deacair mar sin féin. Bhí mo chroí **ag preabadh*** róthapa agus bhí fonn múisce orm.

Ní raibh a fhios agam cá raibh mé agus bhí mé dall mar gheall ar an bpúicín. Bhí me i bponc ceart!

An chéad rud a bhí le déanamh ná oibriú amach cá raibh mé. Ach conas? Chuir mé mo cheann ar leataobh, ach bhí mo shúile fós clúdaithe ag an bpúicín gránna.

Bhuel....bhí a fhios agam go ndeachamar síos Bóthar an tSéipéil. Bhíomar ag tiomáint ar feadh trí nó ceithre nóiméad tar éis dóibh an púicín a chur orm. Cén luas a bhí fúinn? Ní rabhamar ag dul chomh tapa sin, níos lú ná daichead míle san uair b'fhéidir? Ní raibh mé cinnte.

Thosaigh mé ag comhaireamh. Nuair a shroich mé sé chéad chas an carr ar chlé. Thosaigh mé ag comhaireamh ón tús arís. Bhí mé ag comhaireamh na soicindí. D'fhoghlaim Daid an cleas seo agus é san arm. Bhí an-suim i gcónaí agam sna scéalta a d'inis

---

* ag bualadh

16

Daid faoin am a chaith sé san arm. B'shin an t-aon uair amháin nach mbímis ag argóint.

Lean mé orm ag comhaireamh. Níor chas an carr ón mbóthar sin go dtí gur shroich mé aon mhíle ceithre chéad. Chas sé ar dheis ansin.

Lean mé orm ag comhaireamh. Bhí an carr ag bogadh ar nós go raibh cúpla casadh géar sa bhóthar, ach má bhí, lean an tiománaí air chomh tapa céanna. Níor chas an carr ón mbóthar sin go dtí gur shroich mé aon mhíle ceithre chéad. Chas see go géar ar dheis ansin.

Ochtó, sé, ochtó seacht, ochtó hocht... Shroich mé aon chéad fiche sular chas an carr ar dheis arís. Is dócha gur fhágamar an bóthar fad an uair sin mar d'éirigh sé corrach **i gcúl an chairr***.

Ní raibh focal as aon duine an t-am ar fad. Sé chéad ar chlé, aon mhíle ceithre chéad ar dheis, aon chéad fiche ar dheis. An mbeinn in ann cuimhneamh air sin?

---

* Bhí an carr ag preabadh, ag dul suas síos go tapa.

Stop an carr ansin, agus casadh as an t-inneall.
D'oscail duine de na fir an doras. D'fhan mé i mo shuí.

"Tar linn," arsa an bhean.

Rug duine éigin greim orm agus tharraing sé amach
as an gcarr mé. D'airigh mé an sneachta faoi mo
bhróga. Chuala mé an ghaoth ag séideadh sna crainn.
Thosaíomar ag siúl. Tar éis deich gcéim d'airigh mé
urlár faoi mo bhróga. Bhíomar tar éis dul isteach i
dteach. Chuala mé doras á dhúnadh taobh thiar díom.
Bhí faitíos an domhain orm.

"Táimid ag dul suas staighre," arsa an fear maol tar
éis dúinn cúig chéim a shiúl.

Chuamar suas dhá chéim déag.

Chuamar isteach i seomra ag barr an staighre. Stad
mé.

"An – an bhfuil cead agam an púicín a bhaint díom
anois?" arsa mé go híseal.

Tharraing mé an púicín díom. Ní dhearna aon duine iarracht mé a stopadh. Bhí mé i seomra dorcha salach. Ní raibh ann ach cathaoir amháin agus bord. Bhí nuachtán ar an mbord. Bhí píosaí adhmaid ag clúdach na fuinneoige. Ní raibh focal as aon duine.

"C-Céard a theastaíonn uaibh ó m'athair?" a d'fhiafraigh mé.

Ní raibh mé gortaithe go fóill. Bheinn in ann teacht slán ón **gcruachás*** seo. Bhí mé cinnte de. D'fhéach an bheirt fhear ar a chéile.

"Abraimis go bhfuil stuif aige a theastaíonn uainn," arsa an fear leis an ngruaig fhionn.

"Agus mura ndéanfaidh sé mar a theastaíonn uainn…," arsa an fear maol.

"Stuif a theastaíonn uaibh….?" arsa mise. D'airigh mé an crith i mo ghlór.

*   drochstaid

"Go díreach... Teastaíonn...," arsa an fear maol.

"Dún do bhéal, a Sheáin!" arsa an fear eile **go borb***.

Bhí ainm an fhir mhaoil agam anois.

"Ná luaigh ainmneacha os comhair an chailín – an dtuigeann sibh?" arsa an bhean.

Chas siad go léir i mo threo. Bhí **fonn caointe**** orm – ní raibh aon neart agam air. Rinne mé mo dhícheall stopadh ach choinnigh na deora ag teacht, gach ceann acu níos mó agus níos tapúla ná an ceann roimhe. Ní bheadh Daid ag caoineadh dá mbeadh sé anseo, a dúirt mé liom féin. Ní fhaca mé Daid ag caoineadh riamh.

"Ceangail í," arsa an bhean.

"Déanfaidh mise é," arsa Seán.

---

*   go feargach
** Bhí mé ag iarraidh caoineadh

An mbeinn in ann éalú uathu? D'fhéadfainn éalú ón mbeirt fhear ach bhí an bhean ina seasamh ag an doras. Ní bheinn in ann éalú uaithi siúd.

Shiúil an bhean anonn chuig Seán. Chuir sí focal ina chluas.

Seo **an deis*** lena raibh mé ag súil.

Ach ansin, shiúil Seán i mo threo. Sheas sé os mo chomhair. Bhí an deis caillte agam. An mbeadh deis eile agam?

*   an seans.

Caibidil 4

Faoi Ghlas

"Tagaigí síos staighre nuair atá sí ceangailte agaibh," arsa an bhean. "Táim ag iarraidh labhairt libh – *an bheirt* agaibh."

D'fhág an bhean agus an fear leis an ngruaig fhionn an seomra. Chuala mé iad ag dul síos staighre.

"Ná ceangail mé, a Sheáin," a d'impigh mé air. "Le do thoil."

"**Níl an dara rogha agam***," arsa Seán. "Agus ná húsáid m'ainm os comhair na ndaoine eile."

"Ní dhéanfaidh mé," a dúirt mé leis. Ní raibh mé chomh dúr sin.

"An iad...an iad na seodra i siopa mo Dhaid atá uaibh? An iad sin a theastaíonn uaibh?" a d'fhiafraigh mé.

Chroith Seán a cheann. Ansin thóg sé píosa téide amach as a phóca. Thit mo chroí nuair a chonaic mé an cineál téide a bhí ina lámh aige. D'úsáid Daid an téad chéanna le bearta a cheangal. Téad thanaí ach an-láidir a bhí inti. Ró-láidir le gearradh.

"Scaoilfimid leat chomh luath agus atá na seoda againn," arsa Seán.

"Agus mura dtugann m'athair daoibh iad?"

"Tá sé ag iarraidh tú a fheiceáil arís, nach bhfuil?"

---

* Ní mór dom é a dhéanamh.

B'shin an fhadhb. *Ní raibh a fhios agam.* Thaitin a
shiopa agus a sheoda go mór le Daid. Théadh Daid
go dtí an siopa nuair a bhíodh sé féin agus Mam ag
argóint. Cheap mé, uaireanta, gurbh fhearr leis an
siopa sin ná mise. Cheap mé gurbh fhearr leis a chuid
ama a chaitheamh le píosaí miotail agus gloine ná
liomsa. Bhíodh fearg orm ansin.

"Ní thógfaidh seo i bhfad. Cuir do lámha taobh thiar díot," a d'ordaigh Seán.

Chuir mé mo lámha taobh thiar díom. Smaoinigh mé ar rud a dúirt Daid liom ansin. Rud a d'fhoghlaim sé nuair a bhí sé san arm.

Is ansin a chuimhnigh mé ar rud a dúirt Daid liom, rud a d'fhoghlaim sé nuair a bhí san airm. Nuair a bhí Seán ag ceangal mo lámha dá chéile, **d'fháisc mé*** na rostaí le chéile, agus lúb mé siar mo lámha. Nuair a bhí sé ag ceangal mo chosa le chéile rinne mé an cleas céanna – d'fháisc mé mo rúitíní le chéile, ach dhírigh mé mo chosa amach. Dúirt Daid nach mbíonn an téad chomh teann má dhéanann tú é sin. Má bhíonn duine éigin ag ceangal do lámha agus do chosa, beidh orthu breis téide a úsáid chun iad a cheangal má shíneann tú na matáin sna lámha agus sna cosa chomh teann agus is féidir. Ansin, nuair a scaoileann tú an teannas, beidh na téada beagáinín scaoilte.

Cheangail Seán an téad agus sheas sé. "An gá dom **gobán**** a chur i do bhéal?" ar seisean.

*   bhrúigh mé.
** rud a chuirtear i mbéal duine le nach mbeadh siad in ann labhairt.

Chroith mé mo cheann. Níor mhaith liom go mbeadh aon rud ag clúdach mo bhéil.

"Má chloisim focal amháin asat, déanfaidh mé láithreach é," ar seisean.

Chroith mé mo cheann.

"Ní haon mhaith a bheith ag béiceach. Níl duine ná deoraí san áit seo. Ní dhéanfaidh tú faic seachas fearg a chur ar an mbeirt thíos staighre. An dtuigeann tú?" arsa Seán.

Chroith mé mo cheann. Chuala mé an bheirt eile ag teacht i dtreo an tseomra. Bhí an bhean ag caint le Daid ar ghuthán póca.

"Déanfaidh tú *go díreach* mar a iarrfaimid ort, a Mhic Uí Mhurchú," ar sise. Stop sí den chaint.

Bhí mé in ann guth Dhaid a chloisteáil. Bhí fearg air.

"Éist liom, a Mhic Uí Mhurchú," arsa an bhean. "Athróidh tú d'intinn. Tá cailín anseo ar mhaith léi labhairt leat. Abair 'haileo' le do Dhaid, a Cháit."

Sháigh sí an fón i mo threo.

"Daid…" a dúirt mé go híseal "Daid, an tú atá ann?"

"Cáit…?" Baineadh geit as Daid. "Cáit, an bhfuil tú ceart go leor?"

"Daid, tá faitíos orm…"

Sciobadh* an fón uaim.

"Is leor sin," arsa an bhean. D'fhág an bhean agus an fear fionn an seomra. Bhí sí fós ag caint ar an bhfón agus í ag siúl amach an doras.

"Déan mar a deirim leat, agus beidh tú sa bhaile go luath," arsa Seán.

D'fhág sé an seomra. Chuir sé an doras faoi ghlas ina dhiaidh.

Rinne mé iarracht mé féin a shuaimhniú. Thug mé faoi deara nach raibh an téad timpeall ar mo lámha chomh teann sin. Luigh mé síos ar an urlár. Ní raibh gíog asam. D'iompaigh mé ar thaobh amháin

* Tógadh go tobann é.

agus tharraing mé mo ghlúine suas go dtí mo smig. Shleamhnaigh mé mo lámha ceangailte síos thar mo chromáin agus síos mo chosa ansin.

Bhí mo lámha fós ceangailte ach ar a laghad bhí siad os mo chomhair amach. D'oibrigh mé ar an téad a bhí thart timpeall ar mo rúitíní ar dtús. Ní raibh sé éasca ach d'éirigh liom an téad a scaoileadh faoi dheireadh.

Bhí sé níos deacra mo lámha a scaoileadh. Bhí orm mo fhiacla a úsáid chun an tsnaidhm a scaoileadh. Ach d'éirigh liom.

Cad ba cheart dom a dhéanamh anois?

Shiúil mé trasna go dtí an fhuinneog go ciúin. Scrúdaigh mé an fhuinneog go géar. Ach ní raibh bealach ar bith go bhféadfainn an t-adhmad a tharraingt de.

Smaoinigh...smaoinigh...smaoinigh..

D'fhéach mé ar a raibh i mo phócaí. Bhí mé ag súil go bhfaighinn inspioráid ó rud éigin a bhí ansin. Ach níor bhuail aon splanc inspioráide mé. Shiúil mé go dtí an doras go ciúin.

Bhí a fhios agam go raibh an doras faoi ghlas, ach bhain mé triail as é a oscailt mar sin féin. Níor éirigh liom.

D'fhéach mé tríd an bpoll eochrach. An raibh aon duine ar an taobh eile? Bhí an eochair fós sa doras agus mar sin ní raibh mé in ann faic a fheiceáil.

Is ansin a bhuail plean mé. Plean **den scoth***!

Thóg mé an nuachtán a bhí ar an mbord. Shiúil mé ar ais go dtí an doras agus leag mé an nuachtán ar an urlár **taobh le*** bun an dorais. Bhí bearna bheag idir bun an dorais agus an urlár. Bhrúigh mé an nuachtán tríd an mbearna go dtí go raibh an nuachtán ar an taobh eile den doras, díreach faoin eochair.

Bhí píosa guma agus biorán dúnta i mo phóca agam. Chuir mé an guma i mo bhéal agus chogain mé é go dtí go raibh sé deas bog. D'oscail mé an biorán dúnta amach go dtí go raibh píosa amháin miotail agam. D'úsáid mé an biorán chun an eochair a bhrú tríd an bpoll. Thit an eochair síos ar thaobh eile an dorais.

* iontach.
** in aice le.

38

Ar chuala na **fuadaitheoirí*** an torann íseal nuair a thit an eochair?

---

*   daoine a thógann duine in aghaidh a thola.

Tharraing mé an nuachtán chugam. Bhí an eochair ina luí air. Bhí mo chroí i mo bhéal. An dtiocfadh aon duine suas an staighre?

Ciúnas.

D'oscail mé an doras leis an eochair. Bhí an guma fós i mo bhéal agam. Ar aghaidh anois go dtí an chéad chuid eile den phlean! Rith mé go dtí an fhuinneog. Bhuail mé go láidir ar an adhmad.

"CABHAIR!.....CABHAIR!" a bhéic mé in ard mo chinn is mo ghutha.

Chuala mé cosa ar an staighre, ag rith is ag rás i mo threo.

...An triúr acu le do thoil...an triúr acu... a d'impigh mé.

Rith mé trasna an tseomra arís agus sheas mé taobh thiar den doras. Bhí an eochair i mo lámh agam.

"Dúirt mé leat í a cheangal," arsa an bhean. Bhí sí **ag pléascadh*** le fearg.

* ar buille.

"Sin a rinne mé," arsa Seán.

"Tá an doras ar oscailt," arsa an fear eile.

Rith an triúr acu isteach sa seomra. Go díreach mar a bhí mé ag súil leis! Rith mé amach an doras. Chuir mé an doras faoi ghlas go tapa leis an eochair.

Caibidil 5

Sa tóir orm

Is ar éigean gur éirigh liom an doras a chur faoi ghlas. Bhí an triúr acu ag bualadh ar an doras ón taobh eile. Thóg mé an guma amach as mo bhéal. Sháigh mé é isteach sa pholl eochrach. Ansin sháigh mé peann luaidhe a bhí i mo phóca agam isteach ann freisin.

"Amach as an mbealach, tá eochair eile agam," arsa an bhean.

Lig mé gáire beag asam. Ní raibh a fhios agam go raibh eochair eile acu nuair a sháigh mé an guma agus an peann luaidhe sa pholl eochrach. Rinne mé é ar fhaitíos na bhfaitíos. Ní bheadh siad in ann an eochair eile a úsáid anois, ós rud é go raibh an poll eochrach líonta agam.

"Cáit, oscail an doras seo ANOIS!" a bhéic an fear fionn.

Níl **seans dá laghad*** *go n-osclóidh mé é!* arsa mé liom féin. Rith mé síos staighre. Ní raibh mórán ama agam.

Is ansin a chonaic mé é – an rud a bhí á chuardach agam. *An fón...*

Bhí siad fós ag screadach thuas staighre.

Phioc mé suas é. Cá raibh Daid? Sa bhaile nó sa siopa? Ní raibh mórán ama agam. Shocraigh mé ar fios a chur ar na Gardaí. Bhrúigh mé 999. "Gardaí," arsa mé.

---

*   seans ar bith.

Bhí na fuadaitheoirí ag déanamh iarracht an doras thuas staighre a bhriseadh. Chuala mé duine ar an taobh eile den líne faoi dheireadh.

"Tabhair cabhair dom. Cáit Ní Mhurchú is ainm dom. Is le mo Dhaid an siopa seodóra ar an bPríomhshráid. Fuadaíodh mé. D'fhágamar Inis ar Bhóthar an tSéipéil. Thiománeamar ar feadh trí nóiméad, sé chéad ar chlé, aon mhíle ceithre chéad ar dheis, céad fiche ar dheis. Cuir ceist ar mo Dhaid faoi sin. Tuigfidh sé. Tógadh mé agus níl a fhios agam cá bhfuil..."

Briseadh síos an doras thuas staighre díreach ag an nóiméad sin. Stad mé.

Thosaigh **an raic*** ansin. Bhí an triúr acu ag screadach agus ag rith go tapa i mo threo. Rith mé go dtí an doras tosaigh. Tharraing mé air.

*Ná cas timpeall...*a dúirt mé liom féin arís agus arís eile.

D'oscail an doras.

"CÁIT...!" a ghlaoigh siad orm.

---

* an ruaille buaille.

47

"TAR AR AIS ANSEO...!" a bhéic siad.

Bhí siad **an-ghar*** dom.

*Ná cas timpeall...*a dúirt mé liom féin.

D'airigh mé lámh ar mo dhroim. Bhéic mé agus rith mé i dtreo na gcrann chomh tapa agus ab fhéidir liom.
D'imigh an ghealach taobh thiar de scamall agus go tobann ní raibh mé in ann rud ar bith a fheiceáil. Ach bhí orm talamh a chur idir mé féin agus na fuadaitheoirí.

"NÍ GHORTÓIMID TÚ..."

"TAR AR AIS, IN AINM DÉ..."

D'airigh mé amhail is go raibh a nguthanna ag teacht ó gach taobh díom.

Ná cas timpeall, Cáit, arsa mé liom féin.
Coinnigh ort ag rith.

---

*   Bhí siad in aice liom.

48

Shleamhnaigh mé. D'éirigh mé agus lean mé orm ag rith go dtí nach raibh mé in ann na guthanna a chloisteáil níos mó.

Ach ansin thit mé. Bhí mé ag titim síos agus síos. Cheap mé nach stopfainn ag titim go deo.

Caibidil 6

Críoch

Déarfainn gur thit mé i laige ar feadh tamaill. Nuair a dhúisigh mé cheap mé ar dtús gur ag brionglóideach a bhí mé.

Ach ní haon bhrionglóid a bhí ann. Bhí sé dorcha agus fuar, agus bhí pianta i ngach cuid de mo chorp. Ní raibh mé in ann rud ar bith a fheiceáil sa dorchadas.

Bhí mé i mo luí ar **stráice*** fada caol.

---

* píosa talún.

"ANSEO!" a ghlaoigh mé go hard. "TÁIM ANSEO!"

D'airigh mé an stráice ag croitheadh. Bhí faitíos an domhain orm.

Chuir mé mo lámh taobh thiar díom, ag iarraidh greim a fháil ar rud éigin. Ach ní raibh rud ar bith ann le greim a fháil air. Agus bhí mé chomh fuar tuirseach sin gur theastaigh uaim dul a chodladh. Ach dúirt Daid go *gcaithfeadh* duine fanacht ina dhúiseacht dá mbeadh sé amuigh san fhuacht thar oíche. "Tá an baol ann nach ndúiseodh duine, dá dtitfeadh sé ina chodladh," arsa Daid.

Daid... dá bhféadfainn é a fheiceáil aon uair amháin eile...le barróg a bhreith air...le rá leis go bhfuil brón orm.

"ANSEO!" a ghlaoigh mé.

"CÁIT? CÁIT!"

Go tobann bhí solas geal thart timpeall orm.

"Fan mar atá tú, a Cháit. Táim anseo leis na Gardaí. Tá tú tar éis titim síos i bpoll. **Fan socair***. Beimid leat i gceann nóiméid."

Thosaigh mé ag caoineadh arís. Bhí mé chomh sásta go raibh Daid ann faoi dheireadh.

Bhí sé tar éis teacht chun cabhrú liom.

Chonaic mé Garda os mo chionn ag ceangal rópa timpeall air féin.

"Tá tú togha, a Cháit, beidh mé leat láithreach," arsa an Garda. "Ná rith uaim, anois!"

Chuir sin ag gáire mé, cé go raibh mé fós ag caoineadh ag an am céanna.

Rug Daid agus na Gardaí eile greim ar an gceann eile den rópa.

Bhí an chéad Gharda tar éis teacht chomh fada liom.

* Ná bí ag bogadh.

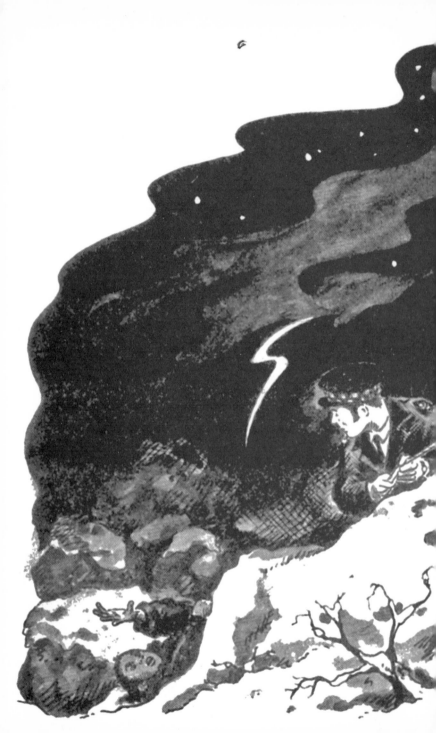

D'ardaigh sé suas ar a dhroim mé. Dhreap sé amach as an bpoll ansin agus mé i ngreim aige.

Thóg Daid anuas ó dhroim an Gharda mé. Rug sé barróg orm, agus rug mé barróg air. Bhíomar beirt ag caoineadh. Bhí na Gardaí ina seasamh timpeall orainn agus iad ag gáire.

"Daid, ar thug tú na seoda do na fuadaitheoirí?" a d'fhiafraigh mé.

"A Cháit, a chroí, thabharfainn rud ar bith dóibh le tú a thabhairt abhaile slán sábháilte," arsa Daid.

"Cén chaoi a raibh a fhios agat cá raibh mé?" arsa mise.

"Bhuaileamar le do Dhaid nuair a bhí sé ag fágáil an tsiopa, agus dhá mhála lán le seoda aige do na fuadaitheoirí," arsa an chéad Gharda.

"Ba cheart duit muid a chur ar an eolas faoin bhfuadach níos luaithe," arsa Garda eile le Daid. "Tá a fhios againn conas is fearr déileáil le fuadaitheoirí."

"Ní raibh mé ag iarraidh dul sa seans sa chás seo," arsa Daid. "Tá Cáit níos tábhachtaí dom ná seoda an domhain."

"Cá bhfuil na fuadaitheoirí?" a d'fhiafraigh mé.

"Rugamar orthu go léir," arsa Garda óg agus meangadh gáire ar a haghaidh. "Ní thuigeann siad fós cén chaoi a raibh tú in ann a rá linn cá raibh tú. Ní raibh tú in ann rud ar bith a fheiceáil agus púicín ar do shúile."

"Ar aghaidh abhaile libh anois. Is féidir na ceisteanna go léir a fhágáil go dtí amárach," arsa an chéad Garda.

"Déanfaidh mé an dinnéar is ansa leat, pónairí, ispíní agus sceallóga. Beidh folcadh agat le tú a théamh agus ansin pléifimid an eachtra ó thús deiridh. Ceart go leor?"

"Ceart go leor," arsa mise, go sona sásta.

Agus shiúlamar ar ais go dtí carr Dhaid, mé féin agus é féin i ngreim láimhe ina chéile.

Má thaitin an scéal seo leat,
bain triail as na cinn eile seo a leanas
atá foilsithe ag Futa Fata:

Nócha nóiméad.
Dhá fhoireann.
Seans amháin le buachan.

Ba mhaith le Rónán imirt ar an bhfoireann is deise
ar an mbaile, Cumann Sacair Chnoc na Coille. Ach
caithfidh muintir Chnoc na Coille é a fheiceáil ag
imirt lena fhoireann féin.

Tá fadhb bheag ag Rónán – níl foireann ar bith aige!

An féidir le Rónán foireann a chur le chéile agus í
achur amach ar an bpáirc imeartha taobh istigh de
chúpla lá?

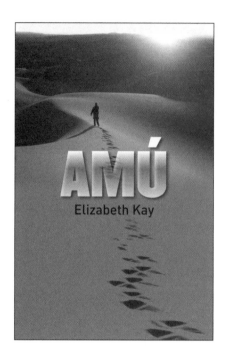

Ceapann máthair agus athair Oisín gur buachaill,
drochbhéasach, dána é.

Le súil agus feabhas a chur ar a iompar, seolann siad
chuig campa ceartúcháin é.

I nGaineamhlach Ghóibí. Sa Mhongóil.

Ní mó ná sásta atá Oisín faoi seo.

Mar sin, déanann sé cinneadh éalú as an áit.

Ach is crua an saol atá amuigh sa ghaineamhlach.

An mbeidh cailín óg aon bhliain déag d'aois in ann é
a shábháil?

Turas scoile go croílár na Boirne. Seachtain lán
le spraoi agus comhluadar in Ionad Eachtraíochta.
Ach tá Aoife buartha faoi dhúshlán mór atá roimpi.
Ní mór di dul i ngleic leis an bhfaitíos is mó atá
uirthi, ní mór di dul faoi thalamh sa dorchadas.
An mbeidh sí in ann chuige? Agus céard faoi Dhara?
An buachaill is suimiúla sa rang. An dtabharfaidh sé
aon aird uirthi? An éireoidh le hAoife a misneach a
choinneáil nuair a théann sí ar strae i bPluais
na gCloigeann?

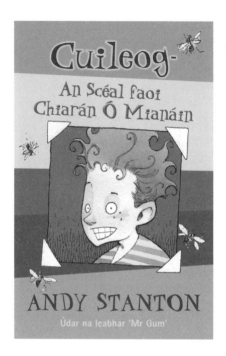

Dia dhaoibh!

Agus fáilte chuig an scéal faoi Chiarán Ó Mianáin.
Cé sa diabhal é Ciarán Ó Mianáin, a deir tú? Bhuel,
níl ann ach gnáthbhuachaill deich mbliana d'aois.
Ach...
Is féidir le Ciarán Ó Mianáin cuileog a dhéanamh
de féin.
Samhlaigh é sin!
Níl ann ach, bhuel, níor éirigh leis é a dhéanamh go
fóill. Ach ó tharla go bhfuil gadaithe agus mangónna
ar a thóir - b'fhearr dó é a dhéanamh gan mhoill!
An éireoidh leis.